VENTE

DU

Mardi 4 Avril 1911

HOTEL DROUOT, SALLE N° 7

ESTAMPES

DES

ÉCOLES ANGLAISE ET FRANÇAISE

DU XVIIIe SIÈCLE

EXEMPLAIRE DE H. STETTLER

COMMISSAIRE-PRISEUR

Me BAUDOIN

10, rue Grange-Batelière, 10

EXPERT

M. A. DANLOS

15, quai Voltaire, 15

ESTAMPES

DES ÉCOLES ANGLAISE ET FRANÇAISE

DU XVIIIᵉ SIÈCLE

IMPRIMÉES EN NOIR ET EN COULEURS

CONDITIONS DE LA VENTE

Elle sera faite au comptant.

Les acquéreurs paieront 10 p. 100 en sus des enchères.

M. Danlos se réserve la faculté de réunir ou de diviser les lots.

La Collection sera exposée quai Voltaire, du lundi 27 mars au samedi 1ᵉʳ avril.

CATALOGUE

DE

BELLES ESTAMPES

DES

ÉCOLES ANGLAISE ET FRANÇAISE

DU XVIIIᵉ SIÈCLE

IMPRIMÉES EN NOIR ET EN COULEURS

Par et d'après

ALIX, BEAUVARLET, COSWAY, DEBUCOURT
DEMARTEAU, FRAGONARD, HOPPNER, HUET, JANINET
LAWRENCE, LAWREINCE, PETHERS, REYNOLDS, ETC.

DONT LA VENTE AURA LIEU

à Paris, Hôtel Drouot, Salle Nᵒ 7

Le Mardi 4 Avril 1911

A DEUX HEURES TRÈS PRÉCISES

Par le ministère de Mᵉ **BAUDOIN**, commissaire-priseur

RUE GRANGE-BATELIÈRE, 10

Assisté de **M. A. DANLOS**, marchand d'estampes

QUAI VOLTAIRE, 13

EXPOSITION PUBLIQUE

Le Lundi 3 Avril, de 2 heures à 5 heures et demie

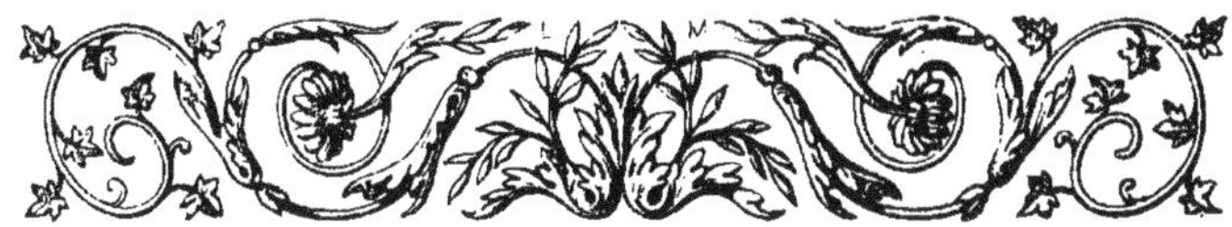

ALIX (P. M.)

1. MAILLARD (Mlle) du théâtre des Arts, en buste dans un médaillon ovale reposant sur un cartouche décoré de figures allégoriques; gravé d'après Garneray. In-4°.

150

> Superbe et très fraiche épreuve imprimée en couleurs. Grande marge.

2. MOLIÈRE (J. B. Poquelin de), en buste dans un médaillon ovale reposant sur un socle décoré d'une vignette représentant la scène VII du quatrième acte de *Tartuffe*; gravé d'après Garneray. In-4°.

150

> Superbe épreuve : elle est très fraiche et a une grande marge.

3. SAINT-AUBIN (Mme) du théâtre de l'opéra-comique, en buste dans un médaillon ovale reposant sur un cartouche décoré d'une vignette représentant la scène IV d'*Ambroise*; gravé d'après Garneray. In-4°.

210

> Superbe épreuve imprimée en couleurs.

4. VOLTAIRE (Arouet de), en buste dans un médaillon ovale reposant sur un cartouche décoré de figures emblématiques; gravé d'après Garneray. In-4°.

150

> Superbe et très fraiche épreuve imprimée en couleurs.

BAUDOUIN (d'après P. A.)

5. Rose et Colas, par Simonet (E. B. 42).

> Très belle épreuve, piqûres de vers dans la marge inférieure.

5 *bis*. Les Soins tardifs, par N. De Launay (45).

> Très belle épreuve. Piqûres d'humidité.

BEAUVARLET (J. F.)

6. Madame La Comtesse Du Barry, en costume de chasse, d'après Drouais. In-f°.

> Superbe épreuve, elle est de la plus grande fraîcheur et a une très grande marge. Très rare de cette qualité.

BÉNAZECH (par et d'après)

7. Le Couronnement de la Rosière. — Le prix de l'Agriculture. 2 pièces faisant pendants.

> Superbes épreuves imprimées en couleurs.

BIGG (d'après W.)

8. *School Boys giving Charity to a Blind-Man;* grande et belle pièce, en largeur, gravée à la manière noire par J. R. Smith.

> Très belle épreuve en couleurs.

BIGG et BLAISOT (d'après)

9. La Dame charitable. — Le berger complaisant. 2 pièces faisant pendants. gravées par Bonnefoy.

> Très belles épreuves imprimées en couleurs.

BOILLY (d'après L. L.)

10. Le Retour de la Promenade, par L. J. Allais.

3 45

   Très belle épreuve imprimée en couleurs. Excessivement rare.

BONNET (L.)

11. Madame La Comtesse Du Barry. petit médaillon ovale. in-8°. entouré d'une guirlande de fleurs: gravé à la manière du crayon.

260

   Très belle épreuve imprimée en couleurs. Rare.

BONNIEU (d'après)

12. L'Espoir d'un heureux jour. — Le Revers de la Fortune. 2 pièces, faisant pendants, gravées par Bonnet.

310

   Très belles épreuves imprimées en couleurs.

BOREL (d'après A.)

13. Le Charlatan, par Léveillé.

8,75

   Superbe et très fraîche épreuve imprimée en couleurs. Marge.

BOUCHER (d'après F.)

14. Vénus sur les nuages. elle tient un collier de perles et l'Amour est près d'elle. — Vénus sur les nuages caressée par l'Amour. 2 pièces. faisant pendants. gravées à plusieurs crayons par Bonnet.

700

   Très belles et très rares épreuves avant toutes lettres.

15. Tête de jeune fille de profil à droite: gravé à plusieurs crayons par Bonnet: n° 19.

410

   Très belle épreuve.

16. Jeune fille en buste, vue de face une rose au corsage ;
gravé à plusieurs crayons par Bonnet.

430

> Très belle épreuve.

BRICEAU (A. F^{me} ALLAIS)

17. VIALLA (Agricola) en buste, en costume d'officier ;
médaillon ovale In-f°.

> Très belle épreuve imprimée en couleurs. Rare.

BRICHE (d'après)

18. La Ravaud' ..se, par Mallet.

250

> Très belle épreuve imprimée en couleurs : elle est très
> fraiche et a une très grande marge. Rare.

BUNBURY? (d'après)

19. *The Morning Employements :* très joli médaillon rond,
gravé au pointillé.

400

> Très belle épreuve imprimée en couleurs. Sans marge et
> montée en dessin.
> Cadre ancien en bois sculpté et doré.

CARESMES (d'après J. P.)

20. L'Aveugle trompé. — L'Aveugle détrompé. 2 pièces,
faisant pendants, gravées par Wossenik.

190

> Très belles épreuves imprimées en couleurs.

21. La Bergère couronnée. — Le Berger couronné. 2
pièces, faisant pendants. gravées sous la direction de
Janinet.

700

> Superbes épreuves imprimées en couleurs : elles sont très
> fraiches et ont toutes leurs marges. Rares.

110   22. La Culbute imprévue. par Morret.

> Très belle épreuve imprimée en couleurs.

100   23. Les Plaisirs champêtres. par Wossenik.

> Très belle épreuve imprimée en couleurs.

100   24. Le Réveil du Carlin. par Carré.

> Superbe épreuve imprimée en couleurs. Toute marge.

CARMONTELLE (d'après L. CAROGIS de)

165   25. Léopold Mozart jouant du violon, Marianne Mozart, virtuose âgée de onze ans chantant et Wolfang Mozart âgé de sept ans jouant du clavecin : gravé par Delafosse. In-f°.

> Belle épreuve.

CHARDIN (d'après J. B. S.)

390   26. La Fontaine. par C. N. Cochin (E. B. 21).

> Superbe et rare épreuve tirée avant que la première adresse, celle de Cochin, ait été remplacée par celle de Basan. Marge.

CHEVAUX (d'après)

310   27. Le Secours urgent. par Bonnet : n° 639.

> Très belle épreuve imprimée en couleurs.

COSTUMES (Pièces sur les)

920   28. Costumes et portraits en pied de Grandes Dames et d'Homme de qualité de l'époque Louis XIV.

28 pièces publiées chez Bonnart, Saint-Jean et Trouvain :

Duchesse DU MAINE. — Mlle D'ANGUIEN. — Marquise DE RICHELIEU. — Marquise DE GRANCEY. — Mlle DE PONS. — Mlle D'ARMAGNAC. — Marquise DE VILLEQUIER, etc.
Très belles épreuves.

COSWAY (d'après R.)

29. COSWAY (R.), en pied, gravé par Mme Bovi. In-4°.

Très belle épreuve tirée en bistre, la figure et la main teintées de couleurs.

30. R. COSWAY. — MARIA COSWAY. 2 portraits, in-4°, gravés, le premier par Mme Bovi, le second édité chez Fatou.

Belles épreuves tirées en bistre.

31. BECKFORD (Mr H.) en pied, par J. Condé. In-4°.

Très belle épreuve, la bordure et le nom du personnage légèrement teintés en jaune.

32. BOUVERIE (Hon. Mrs E.), en pied, par J. Condé. In-4°.

Très belle épreuve, la bordure et le nom du personnage légèrement teintés en jaune.

33. FITZHERBERT (M[rs]), en pied, par J. Condé. Petit in-f°.

Superbe épreuve imprimée en bistre, la bordure et les noms légèrement teintés en jaune.

34. DUFF (M[rs]) en pied, par J. Agar. In-4°.

Très belle épreuve. Grande marge.

35. HEATHCOTE (LADY) en pied, par J. Agar. In-f°.

Superbe et très fraîche épreuve imprimée en couleurs

36. Le Brun (Mme), de l'académie R^le de Peinture, assise sur un coussin devant son chevalet; très jolie pièce, in-4°, publiée chez Fatou.

  115

Très belle et rare épreuve imprimée en couleurs.

37. Portrait en pied, dans un parc, d'une Jeune Dame, elle tient un bouquet de fleurs à la main et a le pied posé sur la première marche d'un escalier; gravé par Condé? In-4°.

Très belle épreuve avant toutes lettres.

38. Mrs Cosway. — Caroline, *Princess of Wales and the Princess* Charlotte. — *The Honble* Mrs Damer. — Mrs Dickson, 4 portraits, in-8° et in-4°, gravés par Bartolozzi, Condé et Schiavonetti.

Très belles épreuves.

COSWAY (d'après M.)

39. Cosway (M^rs) à mi-corps assise, les bras croisés, dans un fauteuil: gravé à la manière noire par V. Green. In-f°.

  2.500
  Cézard

Superbe épreuve.

COUTELLIER (par et d'après)

40. Maillard (Mlle) de l'Académie Royale de Musique. In-8°.

  510

Très belle épreuve imprimée en couleurs.

DAGOTY (Gauthier)

41. Frédéric II, roi de Prusse. Petit in-f°.

  150

Très belle épreuve imprimée en couleurs. Sans marges et montée anciennement en dessin.

DANLOUX (d'après)

42. Portrait de la Princesse DE LAMBALLE en cheveux, de profil à gauche, dans un médaillon ovale; gravé par Ruotte. In-4°.

Très belle et rare épreuve lettres grises; imprimée en couleurs.

DAVESNES (d'après)

43. Les Prunes, — Les Cerises. 2 pièces. faisant pendants, gravées par Vidal.

Très belles épreuves imprimées en couleurs. Grandes marges.

43 *bis*. Les Prunes.

Épreuve à l'état d'eau-forte d'une planche, fort bien gravée par un anonyme, que nous croyons n'avoir jamais été terminée.

Elle offre quelques changements avec l'estampe de Vidal :

La composition qui, dans cette dernière, était entourée d'un simple trait. est ici entourée d'une bordure ornée d'une guirlande de fleurs, elle repose sur une tablette où dans un médaillon, tenant lieu d'armoiries, on voit un amour endormi: la poitrine de la jeune femme est aussi plus découverte.

Très rare.

DEBUCOURT (P.-L.)

44. L'Oiseau ranimé. 1787 (M. F. 9).

Une des plus jolies pièces du Maître, elle est d'une excessive rareté.

Très belle épreuve imprimée en couleurs. Remargée.

45. L'Escalade ou les adieux du Matin. 1787 (13).

Très belle épreuve imprimée en couleurs: remargée sur trois côtés et une légère restauration dans l'estampe.

46. Heur et malheur ou la cruche cassée, 1787 (12).

> Épreuve imprimée en couleurs, Retouchée.

47. Les Bouquets ou la fête de la Grand'maman (16).

> Très belle épreuve imprimée en couleurs. Sans marges.

48. Annette et Lubin (22).

> Très belle épreuve imprimée en couleurs, tirée avant que l'inscription à la pointe, au-dessous du trait carré à droite, 15 juin 1789, ait été effacée. Marge du cuivre.

49. La Promenade publique (33).

> Pièce capitale du Maître, publiée en 1792.
> Magnifique et très rare épreuve avant la lettre, imprimée en couleurs : la marge inférieure ne mesure que deux centimètres.

50. Frascati, d'après un croquis pris sur le lieu en 1807 (196).

> Très belle épreuve dans son ancien coloris.
> Cadre ancien en bois sculpté et doré.

51. Retour des champs, d'après C. Vernet (408).

> Très belle épreuve coloriée. Marge.

52. La Main-chaude; grande pièce, en largeur, gravée à l'aquatinte, 1824 (522).

> Très belle et rare épreuve avant toutes lettres; quelques déchirures dans la marge supérieure.

DEMARTEAU (G.)

53. La Jeune cuisinière, gravé à la sanguine d'après Boucher; n° 72.

> Très belle épreuve.

54. Étude de tête de jeune Femme: gravé à plusieurs
crayons d'après Boucher: n° 149.

> Très belle épreuve.

55. Étude de tête de Jeune femme: gravé à la sanguine,
d'après Boucher; n° 160.

> Très belle épreuve.

56. Tête de femme; gravé à plusieurs crayons d'après
Boucher: n° 217.

> Très belle épreuve. Rare.

57. Trois bacchantes, d'après Boucher: n° 260.

> Très belle et rare épreuve avant la guirlande. Sans
> marges.

58. La Femme au cœur; gravé à la sanguine d'après
Boucher: n° 321.

> Très belle épreuve. Très grande marge.

59. Jeune Paysanne donnant du grain à des volailles:
gravé à plusieurs crayons d'après Huet; n° 332.

> Très belle épreuve.

60. Madame Huet, assise de profil, à droite, lisant une
lettre; gravé à plusieurs crayons d'après Huet:
n° 408.

> Très belle épreuve.

61. Madame Huet en riche toilette, vue de trois quarts à
gauche, jouant de la Mandoline: gravé à plusieurs
crayons d'après Huet; n° 483.

> Très belle épreuve. Quelques raccommodages.

62. Bacchante et Enfants; gravé à plusieurs crayons
d'après Le Barbier; n° 424.

190

Très belle épreuve.

63. Étude de tête; gravé aux deux crayons d'après
Boucher; n° 466.

710

Très belle épreuve.

64. Erigone; gravé à plusieurs crayons d'après Le Barbier,
n° 469.

155

Très belle épreuve.

65. Le Petit Berger. — La petite Bergère. 2 pièces, faisant
pendants, gravées à plusieurs crayons d'après Huet;
n°ˢ 508 et 509.

400

Très belles épreuves.

66. Le Petit Berger; gravé à plusieurs crayons, d'après
Huet; n° 508.

225

Superbe épreuve.

67. La Jeune Bergère; petite pastorale, en largeur, gravée
à plusieurs crayons d'après Boucher; n° 515.

210

Belle épreuve.

68. Le Satyre amoureux. — Le Satyre refusé. 2 pièces,
faisant pendants, gravées d'après Caresmes; n°ˢ 542
et 543.

1.600
Danlos

Superbes épreuves imprimées en couleurs.

69. Les Enfants physiciens. — Le Chat chéri. 2 pièces
faisant pendants, gravées à plusieurs crayons,
d'après Boucher; n°ˢ 544 et 545.

860
Danlos

Très belles épreuves. Rares.

800
Danlos

70. Le Matin; gravé à plusieurs crayons d'après Huet;
n° 546.

Très belle épreuve.

71. Le Lion malade: gravé à plusieurs crayons d'après
Huet; n° 564.

Superbe épreuve.

1.100

71 *bis*. Jupiter et Danaé. — Hercule et Danaé. 2 pièces
faisant pendants, gravées à plusieurs crayons d'après
Huet; n°ˢ 577 et 578.

Très belles épreuves.
Beaux cadres anciens en bois sculpté et doré.

520

72. L'Oiseau envolé: petite pastorale. en largeur, gravée au
lavis de couleurs d'après Huet; n° 583.

Très belle épreuve.

73. Jeune berger filant une quenouille, d'après Huet:
n° 585.

Très belle épreuve imprimée en couleurs.

1.520
Danlos

74. L'Amant pressant: petite pastorale, en largeur, gravée
d'après Huet; n° 586.

Très belle épreuve imprimée en couleurs.

75. Grande pastorale, en largeur, gravée d'après Huet;
n° 601.

Très belle épreuve imprimée en couleurs.

3.500
Williamson

76. Le Berger entreprenant: grande pastorale, en largeur,
gravée d'après Huet; n° 602.

Très belle épreuve imprimée en couleurs.

500 77. L'Amour vainqueur, d'après Huet; n° 604.

Très belle épreuve imprimée en couleurs.

DREVET (P. I.)

78. Bossuet (J. B.), évêque de Meaux en pied, d'après
H. Rigaud (F. D. 12). In-f°.

Très belle épreuve avant les points.

79. Louis duc d'Orléans. fils du Régent, d'après
Ch. Coypel (21). In-4°.

Très belle épreuve.

DROLLING (d'après)

80. Le Chapeau. — Le Vieillard. 2 pièces, faisant pendants. gravées par Perdriau.

Superbes épreuves imprimées en couleurs. Sans marge.

DUTAILLY (d'après)

81. On doit à sa Patrie le sacrifice de ses plus chères affec-
tions. — Il est glorieux de mourir pour sa Patrie.
2 pièces, faisant pendants, gravées par Coqueret.

Très belles épreuves imprimées en couleurs.
Encadrées.

EARLOM (R.)

82. Aremberg (Duc d'). grand portrait équestre gravé. à
la manière noire. d'après Ant. Van Dyck.

Superbe épreuve avant la lettre.

ÉCOLE ANGLAISE (XVIII° siècle)

83. *Princess* Sophia Matilda. — *Dutchess of* York. —
Princess Victoria. — *Landgravine of* Hesse-Hom-

**

BOURG. — *Miss* FAIRLIE. — *The Empress* ALEXANDRA-FEODOROVNA, etc. 11 portraits in-8°, in-4°, et in f°, gravés par Bartolozzi, Cardon, Condé, Wright et autres artistes.

Très belles épreuves.

84. GARRICK, *between Tragedy et comedy*. — NIEL M^c LEAN. — *Major Gen^{al} sir* DAVID OCHTERLONY. — DIANA. — JOSEPH BARTH. etc. 7 portraits, in-f°, gravés la plupart. en manière noire, par Cardon, Leney, Faber, Meyer et autres artistes.

Très belles épreuves.

85. *The Clandestine Marriage, acte II, scène I. — Portraits of M^r* ORGER, *Miss* CUBITT, *M.* MUNDEN *et M^{rs}* KNIGHT *dans the musical entertainment of Lock and Key,* 2 pièces, sur le théâtre, gravées au burin et à la manière noire par Meyer et Th. Lupton d'après G. Clint.

Très belles épreuves.

ÉCOLE FRANÇAISE (XVIIIe siècle)

86. « Voulez vous savoir ma devise? — C'est une jolie fille sans chemise. » Jolie et piquante pièce, ovale, gravée au pointillé par un anonyme.

Très belle épreuve légèrement teintée de couleurs. Fort rare.

FRAGONARD (d'après H.)

87. Les Hazards heureux de l'escarpolette, par N. De Launay.

Pièce capitale du Maître.

Très belle épreuve tirée avant que la planche ait été réduite en ovale; une restauration dans l'estampe.

88. Serment d'Amour. — Fontaine d'Amour. 2 pièces
gravées en réduction par Audebert.

> Très belles épreuves imprimées en couleurs, la seconde
> pièce a toute sa marge.

FREUDEBERG (d'après S.)

89. Le Soldat en semestre, par Ingouf.

> Superbe et rare épreuve avant la lettre, seulement les
> noms des artistes tracés à la pointe. Marge.

89 *bis*. La Promenade du soir, par Ingouf junior.

> Très belle épreuve avant le numéro.

GRATELOUP (J. B.)

90. Bossuet en pied, d'après H. Rigaud (F. 1.). In-8°.

> Superbe épreuve avant toutes lettres tirée sur chine non
> collé. Toute marge.

GREUZE (d'après J.-B.)

91. La Cruche cassée, par J. Massard, 1773.

> Superbe épreuve avant la lettre signée au verso par les
> artistes. Excessivement rare.

92. L'Attention dangereuse, par Voyez.

> Superbe et rare épreuve avant toutes lettres, seulement
> les armes.

GUÉRIN (d'après)

93. Le Trente et un ou la maison de prêt sur nantisse-
ment, par L. Darcis.

> Pièce de l'époque du Directoire intéressante comme scène
> de mœurs et comme costume.
> Très belle épreuve.

GUYOT

94. Le Prince Lambese aux Tuileries. — Les Dames artistes offrant à l'Assemblée Nationale leurs joyaux et leurs bijoux : 2 charmants médaillons ovales, en largeur, faisant pendants.

Superbes épreuves imprimées en couleurs : elles sont très fraîches et ont de très grandes marges.

HARDING (d'après W.)

95. *La Fleur*. — *Amiens* (pour le voyage sentimental de Sterne), gravé par Bartolozzi.

Très belle épreuve imprimée en bistre.

HEREYNS DE MECKLIN (d'après)

96. *Fillial Piety*, grande pièce gravée à la manière noire par J. Daniell.

Superbe épreuve imprimée en couleurs. Collée sur carton.

HOPPNER (d'après J.)

97. Hoppner (J.) Esqr: gravé à la manière noire par Ch. Turner. In-f°.

Superbe épreuve lettres grises. Grande marge.

98. Andover (V^{ss}). par C. Wilkin. In-4°.

Superbe épreuve tirée en bistre.

99. Arbuthnot (M^{rs}). vue de face, à mi-corps, dans une large bordure teintée : gravé à la manière noire, par S. W. Reynolds. In-f°.

Superbe épreuve d'état, on lit en bas sous le trait carré : *Proof*. Grande marge.

100. Benwell (Mᵣˢ), gravé à la manière noire par
W. Ward. Petit in-f°.

Belle épreuve d'une ancienne copie.

101. *The Broken Pitcher*; médaillon ovale gravé par
F. Jukes.

Très belle épreuve.

HUBERT-ROBERT (d'après)

102. L'Hermite du Colisée. — La Prière interrompue.
2 pièces, faisant pendants, gravées par Moret et
Descourtis.

Superbes et très fraîches épreuves imprimées en couleurs.

HUET (d'après J. B.)

103. L'Amant écouté, par Bonnet.

Très belle épreuve imprimée en couleurs. Grande
marge.

104. Le Petit Fermier, gravé sous la direction de Bonnet :
nᵒ 367.

Très belle épreuve imprimée en couleurs. Rare.

105. Le Départ de Campagne. — La Bergère récompen-
sée. 2 pièces, faisant pendants, gravées par
Jubier : nᵒˢ 550 et 551.

Très belles épreuves imprimées en couleurs.

106. Étude de tête de Femme, par Bonnet : nᵒ 689.

Très belle épreuve imprimée en couleurs. Grande
marge.

107. Études de têtes de Femmes. 2 pièces gravées par
     Bonnet : nᵒˢ 690 et 691.

> Très belles épreuves imprimées en couleurs. Grandes
> marges.

108. L'Amour offrant des présents à Ariane. — Offrande
     présentée par l'Amour à l'Amitié. 2 pièces, faisant
     pendants, gravées par Bonnet.

> Très belle épreuves imprimées en couleurs. Marges.

109. L'Amour prie Vénus, par Bonnet.

> Très belle épreuve imprimée en couleurs.

110. Vénus sur les eaux, par Bonnet.

> Très belle épreuve imprimée en couleurs.

111. Les Grâces enchaînées par l'Amour, par Bonnet :
     nᵒ 726.

> Très belle épreuve imprimée en couleurs.

112. Les Soins maternels. — L'Accord maternel. 2 pièces,
     faisant pendants, gravées par Bonnet.

> Superbes et très fraîches épreuves avant les numéros ;
> imprimées en couleurs. Grandes marges.

113. La Troupe ambulante des rues de Paris. — Le
     Marchand d'Orviétan de campagne. 2 pièces,
     faisant pendants, gravées par Bonnet.

> Très belles épreuves imprimées en couleurs.

114. *The Balance*, par Bonnet.

> Très belle épreuve imprimée en couleurs.

115. Le Lapin chéri, gravé sous la direction de Bonnet,
     par Pitou.

> Superbe épreuve imprimée en couleurs.

116. La Bergère satisfaite, gravé sous la direction de
Bonnet.

650

> Très belle épreuve imprimée en couleurs.

117. La Petite Bergère, par Billié.

210

> Très belle épreuve imprimée en couleurs. Très rare.

118. Le Retour du Marché, par Auvray.

660

> Très belle et très fraîche épreuve avant le numéro;
imprimée en couleurs. Grande marge.

119. Le Goûter champêtre, par Jubier; n° 731.

340

> Très belle épreuve imprimée en couleurs.

120. Le Cerisier, par Jubier.

> Très belle épreuve imprimée en couleurs.

400
l'amat.

121. Le Départ d'une foire, par Jubier; n° 732.

> Très belle épreuve imprimée en couleurs.

122. Euridice courant sur l'herbe avec d'autres Nymphes
est mordue d'un serpent au talon et meurt; gravé
par Bonnet; n° 783.

> Très belle épreuve imprimée en couleurs.

123. La Coquette, par Bonnet; n° 880.

120

> Superbe épreuve imprimée en couleurs.

124. Le Concert des Trois Grâces, par Bonnet; n° 883.

210

> Très belle épreuve imprimée en couleurs.

125. Le Silence de Vénus, par Bonnet; n° 940.

105

> Très belle et très fraîche épreuve imprimée en couleurs.
Marge.

126. La Jarretière, par Bonnet ; n° 961.

> Très belle épreuve imprimée en couleurs, elle est très fraîche et a toute sa marge.

730

127. La Bastille détruite ou la Petite Victoire ; gravé sous la direction de Bonnet ; n° 1033.

> Très belle épreuve imprimée en couleurs.

240

128. Le Souper. — Le Dîner. 2 pièces, faisant pendants, gravées par Bonnet ; n°° 1036 et 1037.

> Très belles épreuves imprimées en couleurs. Toutes marges.

780

129. Le Petit Cavalier, gravé sous la direction de Bonnet.

> Très belle épreuve, avant le numéro, imprimée en couleurs. Toute marge.

230

130. La Peinture. — L'Architecture. 2 pièces, faisant pendants, gravées par Mallet sous la direction de Bonnet.

> Très belles épreuves imprimées en couleurs.

420

131. Le Tambour National, gravé sous la direction de Bonnet.

> Superbe épreuve imprimée en couleurs.

260

132. La Petite Bastille. — Le Frère donne les étrennes à sa Sœur. — La Chèvre bien-aimée. 3 pièces gravées sous la direction de Bonnet.

> Très belles épreuves imprimées en couleurs, la première pièce est sans marge.

450

133. Le Jeu de Balançoire. — Le Jeu de Cerbocalle. 2 pièces, faisant pendants, gravées sous la direction de Bonnet ; n°° 1061 et 1062.

> Très belles épreuves imprimées en couleurs ; la première pièce est avant le numéro. Grandes marges.

290

134. Ah! voyons mon Frère! par Bonnet; n° 1063.

200

> Très belle épreuve tirée en bistre, les figures légèrement teintées de couleurs; elle a une grande marge. Fort rare.

JANINET (F.)

135. L'Agréable négligé, d'après Baudouin (E. B. 28*).

10 20

> Très belle épreuve imprimée en couleurs.

136. La Confiance enfantine. — La Crainte enfantine. 2 pièces, faisant pendants, gravées d'après Freudeberg.

885

> Très belles épreuves imprimées en couleurs.

137. Le Sommeil d'Ariane, d'après Charlier.

> Superbe épreuve imprimée en couleurs.

750

138. Vénus en réflexion, d'après Charlier.

> Superbe épreuve imprimée en couleurs.

139. Restes du Palais du Pape Jules II, d'après Hubert Robert.

> Très belle épreuve imprimée en couleurs. Grande marge.

140. Modèles de Coiffures, cinq motifs. dont un tout petit, gravés sur une même planche.

410

> Très belle épreuve imprimée en couleurs. Très rare en cet état.

141. Modèles de coiffures, trois petits motifs sur une même feuille.

520

> Très belle épreuve imprimée en couleurs. Fort rare.

JOLLAIN (d'après)

142. Le Bain, par Bonnet ; n° 653.

> Très belle épreuve imprimée en couleurs.

ISABEY (D'après J.-B.)

143. Sophia, *Countess* Zamoyski, *born Princess* Czarto-
rijski : gravé par Agar. In-f°.

> Très belle épreuve avec marge. Rare.

144. Napoléon, duc de Reichstadt, Vienne, 1815. —
Leverd (E.), sociétaire du Théâtre Français, par
Mécou. 2 portraits petit in-4°.

> Très belles épreuves, la dernière pièce est avant la
> lettre.

ISABEY et C. VERNET (d'après)

145. La Revue du Premier Consul dans la Cour des Tuileries.

> Très grande pièce en largeur gravée par Pauquet.
> Épreuve à l'état d'eau-forte.

LAWRENCE (d'après sir Th.)

146. Lambton (*Master*), gravé à la manière noire par
S. Cousins, 1827. In-f°.

> Superbe et très rare épreuve avant la lettre, seulement
> les noms des artistes et l'adresse de Colnaghi seul.

147. Siddons (M^rs), vue de profil. par W. Nicholls. Petit
in-f°.

> Très belle épreuve imprimée en partie en couleurs.

LAWRENCE et TH. PHILIPPS (d'après)

148. *Hon*ble George Agar Ellis. — John George Lambton.
— Sir Samuel Romilly. — *Rural amusement.* —
Lieut Gen* the Hon*ble Charles Willam Sterwart.
5 portraits, in-4° et in-f°, gravés à la manière noire
par J. Bromley, H. Meyer et S. W. Reynolds.

Très belles épreuves, celles de John Lambton et de sir
Samuel Romilly sont lettres grises.

LAWREINCE (d'après N.)

149. La Comparaison, par Janinet (E. B. 12).

Très belle épreuve imprimée en couleurs. Marge.

150. La Consolation de l'absence, par N. de Launay (14).

Superbe et très rare épreuve avec la tablette en blanc,
les armes, le titre et le nom des artistes sans aucunes autres
lettres.

151. L'Été, par Vidal (24).

Très belle épreuve imprimée en couleurs : très grande
marge. Rare.

152. L'Heureux Moment, par N. De Launay (28).

Superbe et rare épreuve avec la tablette en blanc, le
titre, les noms des artistes et les trois initiales de Lempe-
reur entrelacées dans un cartouche tenant lieu d'armoiries, sans aucunes autres lettres.

153. L'Indiscrétion, par Janinet (38).

Très belle épreuve imprimée en couleurs.

154. Jamais d'accord, par Dnargle (Legrand) (32).

Superbe épreuve imprimée en couleurs.

155. Le Petit Conseil, par Janinet (48).

> Très belle épreuve imprimée en couleurs.

156. La Sentinelle en défaut, par Darcis (58).

> Très belle épreuve avant toutes lettres. Petite marge.

LE BEAU (à Paris chez)

157. La Partie d'œufs frais. — La réalité du Plaisir.
2 pièces faisant pendants.

> Superbes épreuves. la première pièce est avant les noms
des artistes.

LEU (Th. de)

158. Gondy (Pierre de), évêque de Langres, puis de
Paris et cardinal (D. 375). In-8°.

> Superbe épreuve.

LONGHI et COQUERET

159. Bonaparte à la bataille d'Arcole, le 27 brumaire
an V, — Bonaparte en pied. 2 portraits, in-f°.
gravés d'après Gros et H. Le Dru.

> Très belles épreuves, la seconde pièce est avec les noms
tracés à la pointe.

MERELLE (d'après)

160. L'Art de plaire. — Le désir de charmer. 2 portraits
de jeunes femmes, dans des médaillons ovales, faisant pendants; gravés par Pitou sous la direction de Bonnet; n°s 622 et 623.

> Très belles épreuves imprimées en couleurs. Très rares.

MADOU (J. B.)

161. La Main-Chaude. — Le Collin-Maillard. — Cache-Cache. — Les quatre coins, etc. ; suite de 12 petites lithographies en largeur, intéressantes pour les costumes, publiée en 1833.

> Très belles épreuves.

MALLET (d'après J. B.)

162. La Nouvelle intéressante, par Mixelle.

> Très belle épreuve imprimée en couleurs.

MARIN (L. BONNET sous le Pseudonyme de)

163. *A Woman taking coffee.*

> Très belle épreuve imprimée en couleurs. Sans l'entourage.

MOREAU (par et d'après J. M.)

164. Serment de Louis XVI à son sacre.

> Pièce capitale du maître.
> Très belle épreuve ; une déchirure dans la marge inférieure entamant l'estampe.

MOREAU (d'après J. M.)

165. Le Rendez-vous pour Marly, par Guttenberg.

> Très belle épreuve. Toute marge.

MORIN (J.)

166. Henri II, roi de France, d'après Janet (R. D. 59). In-f°.

> Très belle épreuve.

167. Henri IV, roi de France, d'après Ferdinand (60).
In-f°.

> Superbe épreuve avec marge.

167 *bis*. Louis XIII, roi de France, d'après Ph. de Cham-
pagne (64). In-f°.

> Superbe épreuve avec marge.

MORLAND (par et d'après G.)

168. *Authentic memoirs of the Late George Morland with
remarks on his abilities and progress as an Artist...
London printed for Edward Orme New bond
street... 1806.*

> Recueil de 20 pièces coloriées gravées par et d'après le
> Maître, plus un titre et cinq feuilles de texte. Quelques
> déchirures et fatigué.

MONNET (d'après C.)

169. Le Larcin. — L'Amour est de tout âge. 2 pièces,
faisant pendants, gravées par Robillet.

> Très belles épreuves imprimées en couleurs. Grandes
> marges.

NANTEUIL (R.)

170. Boileau (Gilles). greffier de la Grand'Chambre du
Parlement de Paris (R. D. 43). In-f°.

> Très belle épreuve du 2e état : avant le quatrain sur
> la face du socle.

171. Chapelain (Jean). membre de l'Académie Française
(R. D. 60). Petit in-f°.

> Très belle épreuve du 1er état : on ne voit ni arbustes ni
> buissons sur les montagnes du médaillon emblématique.

172. COLBERT (Jacques Nicolas), Archevêque de Rouen :
buste fort comme nature (78). Grand in-f°.

480

> Superbe et très rare épreuve du 1er état : avant que les
> banderoles et la bordure aient été enlevées ainsi que le
> fond extérieur et qu'une nouvelle bordure avec d'autres
> inscriptions ait remplacé la première.
>
> On lit sur une planche accessoire, ajoutée dans la partie
> inférieure, l'inscription suivante qui nous paraît être le
> haut d'une thèse : *Illustrissimo Domino D. Jacobo Nicolao
> Colbert Abbati Beccensi Charitatis et Amberto priori ac
> Domino.*

173. COURTIN (Honoré), Conseiller d'État (80). In-f°.

> Très belle épreuve du 1er état : avant toutes lettres.
> Doublée et remargée.

174. LOUIS XIV, roi de France (155). In-f°.

160

> Superbe épreuve du 3e état : avec tous les changements
> faits dans la figure et dans la bordure et avec l'année con-
> vertie en 1667, mais avant que les fleurs de lis du fond
> aient été enlevées et qu'un crochet ait été mis après le point
> du millésime. Rare.

J. NORTHCOTE et J. R. SMITH (d'après)

175. A *Visit to the Grandmother.* — *A visit to the Grand-
father.*

1050

> Deux grandes et très belles pièces gravées à la manière
> noire par J. R. Smith et W. Ward.
>
> Superbes et très rares épreuves avec les inscriptions
> tracées à la pointe.

OWEN (d'après W.)

176. *The Fortune Teller,* gravé à la manière noire, par
C. Turner.

605

> Superbe épreuve imprimée en couleurs. Rare.

PATAS (par et d'après)

176 *bis.* Colombe, l'aînée (M^llᵉ), de la Comédie Italienne. en pied. Petit in-f°.

> Très belle épreuve.

PÉTHERS (d'après R. A.)

177. *Fortun Teller. — The Gamesters.*

6 850

Danlos

> Deux très belles pièces, faisant pendants, gravées à la manière noire par Smith et W. Ward.
> Superbes épreuves imprimées en couleurs. Très rares. Cadres anciens noir et or.

PHILLIPS (d'après A. R. A.)

178. Elizabeth, *Marchioness of* Stafford, en buste dans une large bordure teintée ; gravé à la manière noire par C. Turner. In-f°.

180

> Très belle épreuve. Grande marge.

REYNOLDS (d'après sir J.)

179. *His Grace the Duke of* Bedfort *with his Brothers* Lord John Russell, *Lord* William Russell *and miss* Vernon ; gravé à la manière noire par V. Green. In-f°.

600

> Superbe et très rare épreuve avant la lettre, seulement les noms des artistes et l'adresse de l'éditeur tracés à la pointe.

180. *Her Grace the Dutchess of* Devonshire *and the Hon*^blᵉ, *Lady* Georgiana Cavendish ; gravé à la manière noire, par G. Keating. In-f° oblong.

950

> Très belle épreuve, une déchirure dans la marge inférieure entamant l'estampe.

181. *George Augustus* Elliot, *Lord* Heathfield, gouverneur de Gibraltar ; gravé au pointillé, par R. Earlom. In-f°.

150

Superbe épreuve avant la lettre. Grande marge.

182. Frances Isabella Ker Gordon, *daugther of Lord and Lady* W. Gordon : gravé au pointillé, par P. Simon. In-f°.

180

Représentée enfant sous les traits de cinq chérubins dans différentes positions.
Très belle épreuve imprimée en bistre. Grande marge.

183. *The Affectionate Brothers.* (Les fils de Lord Melbourne), par F. Bartolozzi. In-f°.

160

Très belle épreuve tirée en bistre. Marge.

184. Tarleton (L' Col.) en pied, gravé à la manière noire par J. R. Smith. Grand in-f°.

150

Très belle et rare épreuve du 2ᵉ état : avant que la première adresse, *Opposite Pantheon oxford street*, ait été remplacée par celle de *31 king street covent Garden.*
Cadre ancien noir et or.

185. *Their Excellencies Prince* Serge *and Princess* Barbara Gargarin *with Prince* Nicholas *ther son.* — *Prince* William Frederick. en pied. 2 portraits, in-4°, gravés au pointillé par C. Watson.

135

Très belles épreuves, la dernière pièce est légèrement teintée de couleurs.

ROMNEY (d'après G.)

186. Jordan (Mʳˢ). *in the character of the Romp,* par J. Ogborne. In-f°.

580

Superbe épreuve du 1ᵉʳ état : avec les inscriptions en lettres ouvertes. Marge.

186 bis. LA MÊME ESTAMPE.

300

> Très belle épreuve avec les inscriptions gravées mais avant que le nom de Ogborne ait été remplacé par celui de Bartolozzi.

ROWLANDSON (d'après Th.)

187. VAUX-HALL, par R. Pollard.

720

> Pièce capitale du Maître publiée en 1781.
> Très belle épreuve, coloriée, d'un tirage déjà ancien.

SAINT-AUBIN (d'après A. de)

188. L'Heureux Ménage. — L'Heureuse Mère. 2 pièces, faisant pendants, gravées par Sergent et Gautier (E. B. 412 et 413).

360

> Très belles épreuves imprimées en couleurs.

189. La Tendresse maternelle, par Phélipaux et Moret (415).

320

> Très belle et rare épreuve, avant toutes lettres : imprimée en couleurs.

190. La Sollicitude maternelle. — La Tendresse maternelle. 2 pièces, faisant pendants, gravées par Sergent et Phélipaux et par Phélipaux et Moret (414 et 415).

230

> Superbes épreuves imprimées en couleurs. Marges.

191. La Jardinière. — La Savonneuse. 2 pièces, faisant pendants, gravées par Phelipaux et Moret et par Julien et Moret (416 et 417).

700

> Très belles épreuves imprimées en couleurs : la seconde pièce est remargée.

SCHALL (d'après M. A.)

192. L'Amant surpris. — Les Espiègles. 2 pièces, faisant pendants, gravées par Descourtis.

1.750
Bihn

Très belles épreuves imprimées en couleurs. Marges.

193. Les Amants trahis par leurs ombres, par Wogls.

Très belle épreuve tirée en bistre.

194. Le Panier renversé, par Beisson.

720

Très belle épreuve imprimée en couleurs, elle mesure seulement deux centimètres de marge autour de l'ovale.

195. La Danse des vendangeurs, par Beisson ?

210

Superbe épreuve avant toutes lettres imprimée en couleurs. Très rare.

196. Paul et Virginie : suite de 6 pièces gravées par Descourtis.

260

Très belles épreuves imprimées en couleurs.

197. Mort de Virginie. — Paul priant. 2 pièces, gravées par Descourtis. faisant partie de la suite précédente.

Superbes épreuves avant toutes lettres, seulement les noms des artistes tracés à la pointe.

SERGENT (par et d'après A.)

198. Il est trop tard. 1789.

1800
Danlos

Très belle et rare épreuve avant la lettre : imprimée en couleurs.

199. MARIE-THÉRÈSE-CHARLOTTE DE FRANCE. fille de Louis XVI. Charmant portrait, in-4°. publié à

310

l'occasion du passage de cette princesse à Basle le 26 décembre 1795.

Superbe épreuve imprimée en couleurs; elle est très fraîche et a une grande marge.

SINGLETON (d'après H.)

200. *The Savoyard*, par C. Turner.

Très belle épreuve.

TANCHE (d'après N.)

201. Le Danger des Bosquets, par Le Beau.

Superbe épreuve avant l'adresse.

VAN-GORP (d'après)

202. Le Déjeuner de Fanfan, par Malles.

Superbe et très rare épreuve avant toutes lettres; imprimée en couleurs. Grande marge.

203. C'est Papa, par R. De Launay.

Très belle épreuve. Toute marge.

204. Sur Mer. — Sur Terre. 2 pièces, faisant pendants, gravées par Guyot.

Superbes épreuves imprimées en couleurs; elles sont très fraîches et ont leurs marges non ébarbées. Très rares.

205. Les Soins maternels. — La Lecture interrompue. 2 charmants petits médaillons ovales gravés sur une même planche par Guyot.

Superbe épreuve imprimée en couleurs; elle est très fraîche et a toute sa marge. Très rare en cet état et de cette qualité.

VERNET (d'après C.)

206. NAPOLÉON LE GRAND à la tête de son État-Major ;
grand portrait équestre gravé par un anonyme.

100

> Très belle épreuve avant toutes lettres très soigneuse-
ment coloriée.

207. Les Gastronomes sans argent, par Commarieux.

> Très belle épreuve coloriée. Toute marge.

VERNET (d'après H.)

208. Le Duc d'Orléans (depuis le Roi Louis-Philippe), à
la tête du 1er Hussards : grande estampe, en largeur, gravée à l'aquatinte par Jazet.

> Superbe épreuve avant la lettre. Toute marge.

WATTEAU (d'après A.)

209. Son portrait, gravé par Boucher. In-f°.

> Très belle épreuve.

210. L'Embarquement pour Cythère, par Tardieu.

5 20

> Très belle épreuve. Sans marge.

211. La Mariée de village, par N. C. Cochin.

> Épreuve avant toutes lettres à l'état d'eau-forte.
Quelques restaurations.

WATTEAU DE LILLE (d'après)

212. La Marchande de Modes. — La Marchande d'oranges.
— La Marchande d'huîtres. 3 pièces, des plus intéressantes comme les Costumes, gravées par Guyot.

1 360

> Très belles épreuves imprimées en couleurs. Très rares.

WHEATLEY (d'après F.)

213. *Strawberrys scarlet, strawberrys;* planche 9 des Cris de Londres : gravé par Vendramini.

100

> Très belle épreuve imprimée en bistre. Grande marge.

214. *The Woodman's Return,* par Whessel.

> Très belle épreuve tirée en bistre.

WILLE fils (d'après A.)

215. Le Dentiste ambulant. — Le Marchand de ptisane. — La Marchande de bouquets. — Le Marchand de chansons. Suite de 4 pièces gravées par Berthault.

960

> Très belles épreuves imprimées en couleurs, la dernière pièce est avant l'adresse. Très rares à trouver réunies.

Paris. — Typ. Philippe Renouard, 19, rue des Saints-Pères. — 50392

www.ingramcontent.com/pod-product-compliance
Ingram Content Group UK Ltd.
Pitfield, Milton Keynes, MK11 3LW, UK
UKHW031735170726
13836UKWH00002B/679